芸術とコンピュータ II

発展編　発見をカタチに

松原

$D_{iscovery}\ B_{uilding}$

HakkeN

11011011

219

開隆堂

本書について

　筆者は，大学・大学院の時代に，超音波の応用に関する研究（情報工学研究）に取り組んでいたので，その時代から音響学に関心がありました。

　その後，情報工学研究から情報学教育研究に移り，デジタル理論や音源理論にも関心が広がって，音楽理論も視野に入るようになり，現在はメディア情報学が専門となりました。

　つまり，筆者の関心が情報学教育研究へと移ったちょうどその頃，文部科学大臣より中央教育審議会の専門委員の命を受けました。まさに情報（処理）教育は，工学部などにおける専門教育から一般教育へ，そして，高等学校や義務教育に広がり，今では教養教育になっています。

　以上のように，音響理論，音源理論，音楽理論などを研究してきた結果，ICT超活用というキャッチを創生し，従来のICT活用の概念を広げるとともに，AGAA（芸活）を提案しています。大学教育に加えて，WebサイトやSNSなどを活用した教養講座へと発展し，これらの状況を筆者は並列展開と呼んでいます。

　なお，本書（幕構成）は，下記のように，各章（各幕）やそれぞれの項目（ユニットと呼んでいる）は，前刊書（章構成）と完全に対応するカタチで展開しています。

前刊書
松原伸一（2021）芸術とコンピュータ　〜感性に響くICT超活用〜，開隆堂.
　　第1章　芸の世界　　　　　　　　　　第2章　知の世界
　　第3章　音の世界　　　　　　　　　　第4章　曲の世界

本書
松原伸一（2023）芸術とコンピュータⅡ　〜発展編　発見をカタチに〜，開隆堂.
　　第1幕　Artsのカタチ　　　　　　　　第2幕　Metaのカタチ
　　第3幕　Soundのカタチ　　　　　　　第4幕　Songのカタチ

　なお，上記のほかに，龍谷大学教職FDプロジェクト（2022年度）による印刷経費にて作成された関係冊子（非売品，2023年2月19日発行）があります。

関係冊子
松原伸一（2023）芸術とコンピュータ　〜発見をカタチに〜，プロジェクトAAF.

まえがき

　本書は，先に発行の著書「**芸術とコンピュータ～感性に響くICT超活用**」の続編となるもので，情報誌「**A&C（Arts & Computer）**」を創刊し，**感性に響く教養講座（NVNG）**との一貫をなすものです。そして，この度，「**発見をカタチに**」をテーマに，プロジェクト研究組織としての利点を生かし，問題解決の視点で執筆しました。

　ICT超活用とは，従来のICT活用を超えた概念として新しいカタチを提案するものです。つまり，「人間性への回帰」をテーマに，①感性に響く，②理性に届く，③知性に繋ぐ，というように，それぞれにおけるソリューションとして，⑦対象の視野を超え，④学習の機会を超え，⑦活用の範囲を超えて，展開される新しいICT活用となるのです。

　広義芸術とは，アーツ（Arts）のことで，Fine Arts（美術・芸術），Musical Arts（音楽・芸術），Literary Arts（文芸），Liberal Arts（学芸），Industrial Arts（工芸）などの種々のArts（芸術）を包括する概念です。本書における芸術とは，アーツ（Arts），すなわち，広義芸術となります。

　芸活とは，AGAA：All Generations Arts Activities（全世代参加型広義芸術活動）のことで，全ての世代の人たちが，お互いに協力して，広義芸術に関心をもち，ICT超活用を通して展開されるステージを提供するものです。

　芸活プロジェクトとは，人間性への回帰という観点から，上記に示すような広義芸術を対象に行う活動を展開する研究組織のことです。問題解決においては，「現場にそのヒントがある」と考えています。なぜなら現場で生じた問題なのだから…。しかし，現場に居るだけでは，そのヒントが見つからないことも多いでしょう。だから問題なのです。では，どうすれば良いのでしょうか？　それは，「理論と実践の往還」から「理論と実践の融合」へと熟成させることが重要だと考えています。こうした流れが，研究の活動組織プロジェクト形式にした主な理由です。

　プロジェクトAAFとは，幾種のプロジェクトを包括したもので，もともと芸活プロジェクトから始まりましたが，2022年4月より本格始動いたしました。ここで，**AAF**とは，"Arts-ist and Friends" のことで，「Arts-istとその仲間たち」のいうことになり，Arts-ist（アーツ・イスト）は，新教養人の新しいカタチを示しています。

　多趣味で多彩な皆様のご理解とご協力を賜れば幸いです。

2023年（令和5年）6月30日
プロジェクトAAF　主宰　松原伸一

New Values for New Generations
©PJT-AAF

New Values for New Generations
©PJT-AAF

第1幕

Arts のカタチ

芸術の多様性：広義芸術

本書では，前刊書，すなわち
　松原伸一著「芸術とコンピュータ〜感性に響く ICT 超活用〜」，開隆堂，2021.
の「第1章　芸の世界」と完全に対応しています。
　前刊書では，章という区切りとし，各章の最初には，著者からの「メッセージ」として章の始まりを演出しています。
　本書ではご覧の通り，章は幕に，メッセージはステージにカタチを変えています。

作曲とプログラミング

　作曲とプログラミングは似ていると思いませんか？

　その理由は，どちらも情報を記号の列で表現する点でしょうか。

　作曲は，音階を示す記号（音符など）を五線譜に書くことに代表され，一方，プログラミングは，命令を示す記号（コマンドなど）をエディタで書くことに象徴されるからです。

　つまり，曲では，左から右へと順次進行する中で，演奏記号により分岐や反復といった演奏が指示され，そこには，演奏記号，すなわち，リピート，1番括弧（1st ending），2番括弧（2nd ending），ダ・カーポ（da capo/D.C.），フィーネ（Fine），セーニョ（segno），とダル・セーニョ（dal segno/D.S.），コーダ（Coda）などで記述されています。一方，プログラムでは，上から下に順次進行する中で，制御処理として分岐や反復といった処理が指示され，これらの制御構造が重要なことは言うまでもありません。

　したがって，音楽分野における作曲も，情報分野におけるプログラミングも，どちらも演奏や実行を制御するものという点で似ていると言えるのです。

　それでは，次に，作曲をコンピュータでするとなるとどうでしょう。

　これは，DTM と呼ばれ，コンピュータミュージック，つまり，コンピュータで作る電子音楽のことです。昨今ではこの分野のソフトウェアが充実しています。有料のアプリは言うまでもなく，無料のものも提供されています。なお，パソコンだけでなく，スマホでもできるので，曲を作るという活動は，プログラムを作るという活動よりも自然なカタチとなり，"私たちの思いを伝えたい"という熱意を実現する有効な手段となりました。

　結局のところ，アナログでもデジタルでも創作という活動では，一定のルール（理論）を教養として身に付け，その教養をもとに，感性に響くようにすることが重要なのかも知れません。筆者が「人間性に回帰する情報メディア教育」を提案しているのはこの点を重要視しているからです。

　つまり，アプリの活用で，アナログもデジタルも特別な意識をせずに自然に触れることができれば，多様な価値観を成熟させることができると思います。

　多様な視点で種々の教養を有機的に連結させて，次世代を視野に入れた新しい教養として，Artsを深め，人間性に回帰することで，感性に響くことができれば，人生がより豊かなものになるでしょう。

　そうすれば，きっと君も…，きっと貴方も…。

　前刊書と同じ思いで，もう一度，気持ちを新たにしましょう。

1-1　シナリオとノベライズ

1．ネ森少年の物語

　プロジェクトAAFとは筆者が主宰する研究組織のことで，ICT超活用，AGAA芸活，NVNG感性教養などの各プロジェクトを統括しています（松原 2023）。そして，本書の前刊にあたる「芸術とコンピュータ〜感性に響くICT超活用」では，

　　　「まるでオペラのように始まったRecitativoは，これから始まる組曲のプロローグ」

と記され，第1幕（第1章）が始まると少年が登場するのです。少年は"石ころ"を拾った時が「人生の節目」だったと語るのです。彼はそれに恋をしたというのです。そうして物語が進行し，感性に響くICT超活用の世界が展開し，彼は「ネットの森に住む少年」（ネ森少年）だったのです。さあどうなるのでしょう？

2．シナリオの展開

（1）脚本というシナリオ

　シナリオ（scenario）とは，一般に台本や脚本のことを意味します。例えば，シナリオライターと言えば脚本家と指し，昨今では特に，テレビドラマなどでも注目されるようになりました。この場合は，概ね，原作，例えば，小説やコミックなどが既に創作され，それをドラマ化するという場合や，原作がなくドラマ制作と同時に物語が創作・発表されたり，また，監督自身が脚本を書いたりといったような場合もあり，多様な状況といえるでしょう。

（2）筋書というシナリオ

　本書におけるシナリオとは，ノベライズの原型，すなわち，筋書のことで，話の大まかな流れという意味で使用しています。ところで，scenarioの語原となったラテン語のscenaとは舞台の各場面を意味しています。そして，これをイタリア語として，さらに，オペラ用語としてみれば，scenarioとは各場面（シエーナ，scena）を繋ぎ合わせたものなのです。

　前述の前刊書では，オペラにおけるRecitativo（叙唱）から始め，第1幕が開く前に話すように歌われるのです。したがって，本書では，第1章，第2章，…，を第1幕（ACT Ⅰ），第2幕（ACT Ⅱ）と表現し，その最初に置かれるコラムをステージ1（Stage 1），ステージ2（Stage 2），…，と表現しています。

3．ノベライズ

（1）創作の着地点は？

　シナリオ，小説，映画，ドラマ，コミック，ゲームなどの創作では，その着地点は極めて多様な状況となっていますが，ここでは典型例について考えましょう。

①ハッピーエンド（Happy Ending）　　　… Case-HE

　これは，言うまでもなく，幸せな状態を迎えて終結するもので，この場合は，その作品に対して好印象をもつようです。しかし，話の流れを予測させたり，予感させるため，ドキドキ感が希薄といったところも指摘できます。

②アンハッピーエンド（Unhappy Ending）　… Case-UE

　バッドエンド（Bad Ending）　　　　　… Case-BE

　これは，その名の通り，悲劇的な状況を迎えて終結するもので，この場合は，その作品に対して高評価が困難なようです。しかし，現実を深く知り，意外に納得したりして，スッキリ感の強弱を感じることができそうです。

③オープンエンド（Open Ending）　　　　… Case-OE

　これは，幸不幸の状況を示さずに余韻を残して終結するもので，この場合は，いろいろと想像することになり評価は一定ではないようです。しかし，読者等にその後の姿の在り方を委ねるため，ワクワク感の享受はそれぞれと言えそうです。

（2）静的か，動的か

　では，次に，以下のような2つのエンディングの様態について考えましょう。

①静的終結（Static Ending）

　これは，1つの終結のみとする創作で，結果として，上記に示したいずれか1つの場合に限定し，1つの物語を固定して示すもので，例えば，紙媒体による本のように従来型メディアの典型的な様態と言えます。

②動的終結（Dynamic Ending）

　これは，複数のシナリオを準備し，状況に応じて物語を切り替えて展開できるもので，ICTの活用により容易に実現できるようになりました。ご想像の通り，本書では，こちらを指向しています。

参考文献

松原伸一（2023）並列展開による授業支援のための教育研究環境の構築―感性に響く教養講座（情報メディア教育）の企画と運営―，龍谷教職ジャーナル，第10号，pp.1-13.

1-2　少年と青年

１．２人の少年たち　…　未来へ繋ぐ

　シナリオに登場する少年は，最初は１人なのですが，当初より"２人の少年たち"のイラストにしています。それは，少年が２人いることを暗示するためです。
　では，その２人の少年たちとは？
　彼らの名前ですが，"石ころ"を拾った少年は「陽くん」という名前で，もう一人の少年は「陰くん」という名前が付いていて既に公表しています。
　ご覧の通り，少年たちは一見して似たもの同士です。つまり，当初は，「双子の兄弟」（設定１）から始まり，そして次は，「同一人物」（設定２）ができました。ではどうして２人なのかという疑問に対しては，同一人物としての少年を，"現実世界"と"ネット世界"の両世界に居る少年を象徴しているのです。
　上記の２つの異なる設定は，１つのシナリオでは不十分で，多数のシナリオを準備するきっかけをつくってくれました。

（１）設定１：双子の関係の少年たち

　この設定では，少年たちは双子の関係で，陽くんは，明るい性格として登場し，何事にも積極的に取り組み成果をあげようと努力するタイプですが，いつもそんなにうまくいく訳ではありません。
　一方，陰くんは，暗い性格と言いたいところですが，どちらか言えば，「落ち着いた感じで，何事にも慎重で熟慮を重ねても結局実行しない」といったタイプで，運がいいのか本人の認識とは異なり，結構な成功体験をしています。という設定なのです。つまり，問題解決の本質をざっくりと彼らの体験から学ぼうという意図があります。

（２）設定２：２つの世界の少年たち

　この設定では，彼らは同一人物で，"現実世界"と"ネット世界"のそれぞれにおいて，極めて異なった性格（キャラ）を有していて，２人の自分が互いに影響し合うように構成されています。陽と陰は，実は"一体不可分"な関係にあり，ひとりの少年の孤独である「ネットの森に住む少年はいつもひとりぼっち」を強調してます。デュアルワールドの特徴をじっくりと彼らの体験から学ぼうという意図があります。

2．2人の青年たち　…　過去の回想

　既に公表しているイラストの中に"2人の青年たち"があります。これは高校生をイメージして創作されたものですが，前述の"2人の少年たち"の成長の姿を表現しています。

　そして，これをストーリーという視点で述べてみれば，少年から青年に至るまでの期間，すなわち，小学校の6年間，中学校の3年間，及び，高等学校の3年間の計12年間を通して俯瞰するもの（視点1）と，小学校時代を起点にして将来を望むもの（視点2）と，高校時代を起点として過去を回想するもの（視点3），の3種類のケースを想定しています。

（1）視点1：K-12 カリキュラム

　幼小時代から高校時代の間の12年間のカリキュラム研究を象徴するイメージキャラクタとして「2人の少年たち」と「2人の青年たち」の両方を使用しています。K-12とは，Kindergarten to Twelveのことで，幼小期から第12学年（高校3年）までの期間を対象にして，一貫した情報メディア教育としての新しい教育のカタチを示すことが主眼し，既に具体的な提案をしています（松原 2019）。

（2）視点2：ネ森少年の飛翔

　これは，"石ころ"を拾った少年が，それに恋をするといった一風変わった経験を通して，2人の少年の関係性を有効に活用して展開します。ネタバレを生じないように配慮して述べれば，少年の成長過程に関係し，将来の不安，同世代への同情や共感，運命を気遣う不安などが織り交ぜあって，時間が経過する中，自分のことを改めて知ることで，次のステップへの旅立ち（飛翔）とするのです。

（3）視点3：ネ森青年の回想

　これは，高校3年という時期にあって，大学受験を間近に控え，新しいカリキュラムの下でその時の状況を受け入れながら，過去の自分，すなわち，幼小時代を回想し，そこから始められる今とは異った別の人生について瞑想するものです。

　筆者は，前刊書で，"現在の記憶が過去を形成している"と述べていますが，ここでは，まさに，その状況を再現するものです。ちょっと現実離れしているように見えますが，昨今ではこのような設定はむしろ常識的といったところでしょうか？　皆様の関心を惹くことができれば幸いです。

参考文献
松原伸一（2019）教職実践のための情報学教育カリキュラムの開発とその支援環境─感性に響く情報メディア教育：ICT超活用─，龍谷教職ジャーナル，第6号，pp.20-35.

1-3	人間と機械

1．人間と機械の二重奏　…　デュオ（duo）

　人間はどこまで機械か？と聞けば，これ自体に反駁したくなる人がいらっしゃるのでは，…。実は筆者もその一人なのかも知れないという前置きをして，話を進めましょう。これは，人間の機械性，すなわち，メカニズムとして捉えられる部分は無いかという課題の究極にあると言えるかも知れません。実はこの件では，哲学，特に，現象学などの分野で議論し続けられていることでもあるのです。もちろん，本書ではそのようなアプローチはしませんので，安心して下さい。

　では，次に，機械はどこまで人間か？と訊けば，これについても，批判的な目で物言いが入りそうで，ここでも筆者のお仲間と言いたいところです。この件については，人工知能（AI:Artificial Intelligence），シンギュラリティ（技術的特異点，Technological Singularity），機械学習（Machine Learning）などをあげることができ，人工知能，プログラミング，スーパーコンピュータなどの研究分野ではお馴染みです。また昨今では，小説やコミック，ゲームやアニメ，ドラマや映画などでも登場し，小中学生でも身近な言葉になっています。ここでは，筆者が提案する3つの項目について紹介しましょう（松原 2018）。実は，この3つの前に，4つの項目が提示されています（長谷川ほか 2016）が本書では省略します。

　①人間と人工知能が共同して芸術を創作し，人間がそれを鑑賞する
　②人間と人工知能が共同して芸術を創作し，人工知能がそれを鑑賞する
　③人間と人工知能が共同して芸術を創作し，両者が共同してそれを鑑賞する

　特に注目したいのは，言うまでもなく③です。つまり，人間と人工知能が共同・協力して，芸術の創作と鑑賞を行うという時代を，超遠方ではあるかもしれないが，視野に入れておく必要があると考えています。

　しかしながら，これらの項目においては，幾つもの解決されなければならない課題が山積しています。例えば，共同するとはどういうことか，芸術とは何か，鑑賞するとは？，に加えてそもそもこのようなことが定義できるのか，或いは，人間と人工知能の両者の合意が得られるか，いやそもそも，人間といっても多数集団であり，これを捉えることができないのでは，といった難題が次々に降りかかります。いずれにしても，「芸術」の域は人間にとってしばらくの間かも知れませんが，人工知能には譲れない独壇場となりそうですね。したがって，芸術や感性は，情報学・次世代教育において重要なキーワードとして機能するでしょう。

2．人間と機械の協奏曲 … コンチェルト（concerto）

　協奏曲とはコンチェルトのことですが，独奏楽器と管弦楽によって演奏される楽曲ですが，ここでは，人間と機械の共同によって創作されるアーツ（Arts）を暗示しています。現実的には，人間が機械すなわちICT活用により創作された作品のことですが，近い将来（もしかすると，もっと先かも）人工知能が能動的な振る舞いができるようになれば，もう少し多様な状況を迎えることでしょう。

　ところで，本書で取り上げるシナリオでは，少年は，コンピュータと遊びたい，コンピュータと一緒になってアンサンブルしたい，コンピュータの力を借りて作曲をしたい，…，と考えるようになります。そのような考えに至った理由は，まだここでは明かすことはできませんが，少年の思いに即して考えてみましょう。

（1）コンピュータと遊びたい

　コンピュータと遊びたいという少年の気持ちは，いったいどのようなことなのでしょう。皆さんの中には，ゲームをすれば既にコンピュータと遊んでいることになるんじゃないのと助け船を出してくれる人がいそうですね。つまり，そのような観点では，既にコンピュータと遊べる環境になっているということですね。

（2）コンピュータとアンサンブルしたい

　コンピュータは，ゲーム機やスマホなども含まれ，いわゆる，計算する（コンピュートする）機械の域を脱し，私たちにとって欠かすことのできないモノになりましたが，ここではもっと先の進んだ使い方を想像したいですね。皆さんだったらどんな情景をイメージしますか？　ところで，アンサンブルとは，一緒になって楽器を演奏することです。したがって，少年は，コンピュータと共に演奏することで楽しみたいということなんですね。

（3）コンピュータと一緒に作曲したい

　そして，もう一歩進めば，コンピュータと一緒になって作曲をしてみたいということなのでしょう。現在では，DTM，すなわち，コンピュータによる作曲ソフト（環境）が整い，気軽にICT活用により実現できていますが，一緒に作曲するとなると，主体はその双方，つまり，人間である少年と，機械であるそこのコンピュータの2者ということですね。

参考文献
長谷敏司，藤井太洋ほか（2016）AIと人類は共存できるか─人工知能SFアンソロジー─，人工知能学会［編］，早川書房（ISBN978-4-15-209648-7）.
松原伸一（2018）情報学・次世代教育の新しい展開─情報学教育ポリシーの拡張と深化─，情報学教育研究，通算13号，pp.17-24.

1-4　発見と気づき

1．発見と気づき

　発見は見つけること。すなわち，その時まで知らなかったコトやモノ，他にはシカタなど様々ですが，それを見つけること，そして見つけたと自らが再認識し，新しいディジタル環境として気づくことと考えています（松原 2004）。

　ところで，陽くんという少年は，何気なく歩いていて，道に転がっていた小さな石を見つけます。彼はその後，"石ころ"を再認識し，そしてそれが新たな発見に繋がり，その気づきに名前を付けたのでした。つまり，その名は，ズバリ，Ishikoro でした。そして，少年は Ishikoro に恋をするのです。後に思い出した時，あの頃は彼にとって重要な節目で，恋し頃（Ko-Ishikoro）だったのです。

　では，筆者の経験を披露しましょう。題して「デジタル賽銭」は如何ですか？

・初詣，神社の露店で，賽銭を

　それは，初詣に出かけた際のこと。毎年，"八坂さん"にお参りに行くのですが，コロナ禍のためこの時は久しぶりといった感があり，ふとお賽銭のことが気になったのです。現金，特に小銭の持ち合わせがなく，手持ちがなかったのです。昨今では小銭入れ自体も持っていないことに気づきました。この気づきは，奇妙な発見を生みました。つまり，神社の周りを埋め尽くす露店の数々，この情景を見るだけでも，「ああ，神社に来たなあ」と実感できる風物詩の一片ですが，露店で売っているものは様々ですが，概ね何百円といったところでしょうか？　つまり，買い物をすると，小銭がお釣りとなって戻ってくるのです。まるでご利益（ごりやく）のように。つまり，「神社の露店は賽銭作りに好適だ」ということですね。

　ところで，露店でスマホ決済はできるのでしょうか？　もし，それができるというのなら，小銭の獲得は無残にも崩壊の結果になりますね。なお，もう一歩進めて考えれば，そもそもお賽銭はスマホ決済でできるのでしょうか？　そうだとしたら，小銭の準備自体必要なかったことになりますし，筆者の奇妙な気づきや発見はどうなってしまうのでしょうか？

　その後，本書を執筆するに当たり調べてみました。どうやら，賽銭のスマホ決済をしている神社さんもあるようです。その際の値段は，777円とか，888円とか。何となく縁起担ぎの香りがして新鮮でした。記事を読んでいると，デジタル賽銭については賛否両論ありました。この点は予想通りということでした。

2．発見をカタチに（Discovery Building）

まず，表紙のデザイン画をみて下さい。

発見をローマ字のHakkeNとして，これを0と1を組み合わせて表現しています。つまり，ここでの発見とは，2進数で11011011(2)のカタチを示しています（図1）。

ところで，2進数と言えば，皆さんは16進数や10進数ではどんな数になるのか気になりませんか？

表1に示すように，2進数では11011011(2)の数が，16進数ではDB(16)になります。DBはそのまま英文字として捉えて，Discovery Buildingの頭文字に一致するように設定しました。まさに，発見作りということですね。

次に，10進数では，219(10)となります。これは，2月19日におとめ座にある楕円銀河M49が発見された日で，1771年のことで，およそ250年以上も前のことでした。

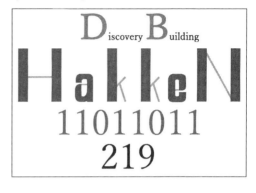

図1．HakkeN のカタチ

表1．発見のカタチと意味づけ

数	カタチ	意味づけ
2進数	11011011	HakkeN
16進数	DB	Discovery Building
10進数	219	2月19日にM49が発見

以上のように，発見を3つの数で表し，それぞれに意味づけを行って，カタチ作りを行ったのです。

発見をカタチにするということは，気づきとの相乗効果により，新しい時代における新しいスキルを獲得する上で重要な姿勢（構え）だと思います。

第1幕は，「Artsのカタチ」としましたが，この幕の締め括りとして表紙のデザイン画への言及となりました。

既にご承知のように，本書はもともと，感性に響く教養講座（NVNG感性教養）において展開するする資料として構成・編集されました。並列して展開している他のステージにも関心をもって頂くことで，より効率的な結果を生むものと期待しています。

参考文献

松原伸一（2004）ディジタル環境論〜ディジタル環境が及ぼす人間生活への影響〜，ナカニシヤ出版（ISBN4-88848-928-9）．

第 2 幕

Meta のカタチ

知能の多様性：超知能

本書では，前刊書，すなわち
　松原伸一著「芸術とコンピュータ～感性に響く ICT 超活用～」，開隆堂，2021.
の「第2章　知の世界」と完全に対応しています。
　前刊書では，章という区切りとし，各章の最初には，著者からの「メッセージ」として章の始まりを演出しています。
　本書ではご覧の通り，章は幕に，メッセージはステージにカタチを変えています。

ステージ2

自然言語と人工言語

　自然言語（Natural Language）という表現をご存じでしょうか？
　わざわざこんな表現を使う時はあまりないかも知れませんが，人工言語と対比してみれば見えてきませんか？
　そうですね，人工言語は，人間が何かの目的で意図的に作り出された言葉とすれば，自然言語は，日本語や英語やイタリア語のように，自然に成立し，後に文法や語法としてまとめられたものと言えるかも知れません。
　しかし，本書で取り上げたいのは，言語のもつ意味や，それを表す記号，すなわち，「言語のカタチ」なのです。それは2つの世界を繋ぐもので，まさにコミュニケーションのカタチということにもなります。そこで，このカタチを2つに分ければ，
　①人と人とのコミュニケーション
　②人とコンピュータとのコミュニケーション
　③コンピュータとコンピュータとのコミュニケーション
の3つに分類できます。例示すれば，①の場合は自然言語が，②はプログラミング言語が，③はコンピュータ通信プロトコルが，それぞれ当てはまります。つまり，①は自然言語ですが，②と③は人工言語ということになりそうです。
　実はこのような人工言語は，形式言語（Formal Language）とも言われ，プログラミング言語の他に，データ記述言語，マークアップ言語，ハードウェア記述言語などもその仲間ということになります。
　ところで，昨今では，絵文字とか，組み合わせ文字などは常識で，文字で絵を描いたり，絵で文字を表現したりと極めて多様な状況です。例えば，前刊書

HakkeN

表紙の「超」，本書表紙の「HakkeN」のデザイン画をみて下さい。
　次に，音階の表記についてみれば，実は，ドレミファソラシドはイタリア語で，CDEFGABCは英語なのです。では日本語は？ということになりますが，音階の日本式表記は，ハニホヘトイロハとなります。つまり，英語式では「アルファベット」の最初の7文字「ABCDEFG」を，日本式では「いろは歌」の最初の7文字「イロハニホヘト」を使用しています。でも気になりますよね。どうしてA（イ）から始めずにC（ハ）からなのかと。つまり，A（イ）がラになるように設定されているのです[前刊書：p.34，**表2**参照]。その理由は，前刊書3章にて言及していますが，しばらく進んでいけば見えてくるでしょう。それまでちょっと待って下さい。

2-1　アニメとカルチャー

1．コミック（Comics）とアニメ（Animation）

　皆さんは，鉄腕アトムをご存じでしょうか？

　これは手塚治虫氏による漫画，すなわち，コミックで，1952年から「少年」（光文社）にて連載，1963年からフジテレビ系でアニメが放映されました。

　機械は機械でも人間の心を持つロボットとして描かれ，当時の少年たちに"科学への希望"を提供するとともに，人間と機械（ロボット）という立場の違いから生じる様々な課題を提示し，私たち人間へのメッセージとなりました。

　今でも「懐かしのアニメ」というような話題の際に放送されたり，動画サイトで閲覧することができるので，詳しく知らないという場合には，或いは，改めてもう一度という方は是非ご覧ください。

　そして次は，ウルトラマンですが，これはご存じですね。ウルトラマンは，円谷プロダクションとTBSにより制作されたテレビドラマで，1966年からTBS系で放映された特撮テレビ番組です。

　人間は人間でも異星人のウルトラマンは，M78星雲の"光の国"の宇宙人で，普段は人間の姿で宇宙警備隊員として地球の平和を守る役を担っています。そのハヤタ隊員（早田進，ハヤタ・シン）がウルトラマンに変身し発射するスペシウム光線は，両手の手刀をクロスするもので，当時の少年たちにとって，カッコいい姿の象徴となっていました。皆さんもきっと観たことがあると思います。

　バルタン星人はこのウルトラマンの第2話で登場しましたが，今でもウルトラマンに準じて人気のあるキャラクターだと思います。顔は蝉のようで，両手は甲殻類のハサミとなっているのが特徴で，筆者はバルタン星人の方が好きですが…。

　そのバルタン星人の名前の由来について，バルカン半島説，シルビー・バルタン説などがありましたが，2016年2月19日の日本経済新聞[注]に，監督と脚本を担当された飯島敏宏氏がどちらも正しいという意見が掲載されています。

　本書では，シナリオやイメージキャラクターの創作，シナリオからノベライズへと進むにあたり，ICT超活用による脚本や演出，そして，プロデュースに関心をお持ちいただければ，ありがたいです。

注. 制作年月日等についてWikipediaを参照しました。なお，上記の日本経済新聞の記事は確認済みです。
「ウルトラマン誕生大作戦」（日本経済新聞2016年2月19日），日本経済新聞 縮刷版，68（2），p.942.

2．カルチャー（Culture）とサブカルチャー（Subculture）

　カルチャーは人間が作り出すものですが，人工知能やそれを持つロボットはどうなのでしょうか？

　カルチャーは文化のことですが，筆者にとっては教養として捉えていて，Arts（広義芸術）と大きく関係があると考えています。ですから，メディア情報学の中で是非取り上げたい話題の1つです。

　昨今では，サブカルチャーが注目されているようですね。ネットの影響もあるようですが，これも多様な世界となっています。

　サブカルチャーとは，メインの文学（純文学）ではなく，サブ的なものという位置づけなのでしょうか，社会の限定的な集団，例えば，若者たちに流行のもの，特定の趣味・話題など様々です。漫画やアニメなどもサブカルチャーと言われていますが，ご承知のように，日本だけでなく海外においても人気のあるアニメやコミックなどのサブカルチャーは主流になったと言えるかも知れません。

　本流とは正当な流れというイメージがありますが，主流には正統かどうかはともかくメジャーな流れであると思います。主（メイン，main）に対してはサブ（sub）が対応しますので，サブカルチャーが主流にという表現は，皮肉な感じがしませんか？

　一般に，"主（main）"に対しては"副（sub）"が対応しますので，主流に対しては副流となりそうですが，実際には傍流となるようです。また，本流に対しては支流が対義するものと認識しています。しかしながら，昨今の現状をみていると，皮肉にもサブカルチャーこそ主流になっていると言えるかも知れません。

　コロナ禍の前に，手塚治虫記念館を訪れたことがあります。兵庫県宝塚市にあるのですが，宝塚歌劇に何度か通う内に，運転中に見える景色が気になって，ようやく訪問したという次第です。この件については，既に，感性に響く情報メディア教育に関係して記事にしています（松原 2018）ので，写真なども含めて一読をして頂ければ幸いです。

　現在，日本の文化を代表するといわれるアニメ文化は，鉄腕アトムなどのテレビ放映の時期を起点とすれば，今年（2023年）で60年となります。この長い月日の経過には重みを感じます。手塚治虫氏が，60歳で若くして亡くなられたのですが，もっと長生きしておられたら，アニメ文化の定着はもっと早かったかも知れません。彼がもし今時代に復活されたとしたら，今のこの状況を見て何とおっしゃることでしょうか？

参考文献

松原伸一（2018）宝塚市立手塚治虫記念館を訪問，情報学教育研究，通算13号，pp.49-50.

2-2　観測と推測

1．観測と推測

　観測とはその文字の示す通り，観察と計測を意味しています。つまり，何かを確認するために，対象をよく観て，可能な限り客観的な方法で測ることです。つまり，目前に起っている現象を確認する作業なので，その現象から何かを突き止める（推測する）ための根拠となり得ます。

　でもそれは常に真理を引き出すとは限りません。観察した現象が自らの提案と関係し辻褄が合って論理的な考察と思われる場合でも，自らが知らない，或いは，誰もが知り得ないことによって生じる未知なる現象なのかも知れないからです。

　例えば，左から右に物が移動している時，障害物の先を通りすぎる場合，同じものと判断してしまうことがあります。実はその時に別のものとすり替わっていたなんてこともあるかも知れませんね。例えば，マジック（手品）はそのようなテクニックを多用するとみられますが，自然界で生じる現象でも，誰かマジシャンがいなくても，偶然・必然を問わず生じることがあるのです。

　とりあえず，科学はまず信じるしかないのかも知れません。でも時には，学びを深めたり専門を極めるうちに，何かおかしいなと気づいたり，新しい発見や発明に繋がることもあります。それも科学なのですね。つまり，論理的な整合性を大事にして，納得のいく説明・論証ができるかどうかにかかっています。

　論理と言えば，「AはB」で，「BはC」ならば，「AはC」と言いたいところですが，実はそれが成立する場合もあれば，そうでない場合もあるのです。こんな場合は，推移律が成立する／成立しないとして，理解することが重要です。

・成立する場合

　この場合は，数学で学ぶ等式ですが，a=b, b=c，ならば，a=cとなります。

・成立しない場合

　この場合は，A，B，Cを「○○は△△である」というような命題として考えることにすれば，「太郎君は次郎君の友達」で，かつ，「次郎君は三郎君の友達」，ならば，「太郎君は三郎君の友達である」と言えるでしょうか？

　発見をカタチにするためには，観察し計測して推測を行い，私たちの気づきにつなげるために大事なことは，それぞれの経験（知）を増やすことだと思います。そしてこれが，感性に響く創作につながると考えています。その際，ICTを活用すれば，今まで容易にできなかった新たな能力を発揮できることでしょう。

2．推測か観察か

　右の各事項は推測と観察のどちらですか？

ア．今，ここは雨が降っている
イ．3時間後は晴れるでしょう
ウ．宇宙は膨張している
エ．地球は丸い

　アは，迷うことなく観測と言いたいところですが，どこからどんな手段でそう言っているのかが重要です。つまり，その場所にいて，お天気の状況を目視できているのか，その地区に居ても，地下街とか，外を見ることができない部屋や場所にいて，カメラからの映像を見ていたらどうでしょうか？　また，天気を直接確認できないけれど，地上から降りてきた人が濡れた傘を持っていたとかというように，何らかの情報を得てその状況により判断している場合はどうなるでしょうか？

　イは，観測というよりも推測に近いでしょう。ただし，気象衛星からの映像を見ている場合は観測となりそうですが，3時間後という未来の現象を言っているので，やはり推測となりそうですね。

　ウは，推測でしょうか？　膨張の様子を目で見た人はいないと思いますが，実はこれば望遠鏡で観測した情報がもとになっています。つまり，地球から見てどちらの方向の空を見ても，星は遠ざかっているのです。見る方向に関係なく全てが遠ざかり，かつ，遠くの星ほど早く遠ざかっていると。この現象を説明する理由として「宇宙は膨張している」と結論づけているのです。確かに，宇宙が膨張していれば，そのような現象が生じそうですが，それ以外は絶対にないのでしょうか？　私たちがまだ知らない，或いは，理解できない何かが原因していたとすれば，膨張という結論にならないのかも知れません。

　エは，皆が信じて疑わないことですが，それを貴方は説明できますか？　日常生活においては，地平というように地面は多少の起伏があっても概ね平らであり，まさかそれが球体をしているとなれば想像を超えていませんか？　しかし，これも種々の観測データにより，球体であると実証されてはいますが…。他には，実際に人工衛星や宇宙ステーションから観測して，球体である事実を確認しているとおっしゃる方もいることでしょう。でもそれはカメラからの映像を見ることはできても自分で確認した訳ではないですよね。

　もしかしたら，それは，3次元空間の場合であり，4次元，5次元というように空間の概念を広げていけばどうなるでしょうか？　私たちが認知している空間は，高次元の一部，つまり，写像なのかも知れません。以前に，「常識はいつまで通用するか」という論述をしたことがあります（松原 2021）ので，前刊書で展開される「知の世界」と合わせて読み深めて下されば幸いです。

参考文献

松原伸一（2011）「2-9 常識はいつまで通用するか」，情報学教育の新しいステージ—情報とメディアの教育論—，pp.82-85, 開隆堂（ISBN 978-4-304-02093-3）.

2-3 基数と記数

1. 基数 (Radix)

　本書における基数とは, コンピュータ科学の分野で, 例えば, 2進数なら2, 10進数なら10, 16進数なら16の数のことで, 一般には, n進数の基数はnということになります。したがって, 多くの場合, 2進数を10進数にしたり, 10進数を2進数にしたりすることがあります。これを基数変換 (radix conversion), 又は, 進数変換 (number base conversion) と言います。数学分野の基数 (Cardinal) と混同しないようにしましょう。

　さて, ご承知のように, 発見を HakkeNと書いて, これを2進数の11011011のイメージと重ねてデザイン化したのが右図となります。詳細は「1-4 発見と気づき」にて解説していますのでご覧ください。

　ところで, 私たちは, 1つ, 2つと言いながら指折り数えますが, 10本の指を使い終わると次の桁に進むという, いわゆる, 10進数を使用しています。しかし, 数を表記 (記数) するには, 必ずしも10進数である必要はなく, むしろ, 2進数の方が効率が (便利が) 良いという場合もあります。そうですね。コンピュータの世界のことです。

　もしかして地球人 (人間) の場合, 両手の指を合わせると10本なので, 10進数が普通に使われているのだとすれば, バルタン星人なら何進数なのでしょうか? もちろん, 「2-1 アニメとカルチャー」で述べたようにバルタン星人は架空のモノではありますが, 想像をめぐらすのも良いですね。

　では, 次に0と1の世界を探索しましょう。これは2値 (binary) の論理のことで, 論理回路 (デジタル回路) に関係します。

　つまり, これは, 0か1かの世界なのですが, 言い換えれば, 表か裏か, ○か×か, 賛成か反対か, というように, 二者択一の世界といえるでしょう。つまり, どちらでもない, とか, その真ん中, などの状態は考えないということです。

　したがって, この場合は, 0でなければ必ず1であり, 1でなければやはり0となるので, 他の基数の場合に比べて論理回路を構成する上で便利が良いのです。

2．記数（Notation）

　記数（Notation）とは「数を記す」ことで，音符を五線譜に書く場合は記譜と言います。本書では記数法（Number System）を前提にしています。

　わかりやすいように，発見（HakkeN）からイメージしてできた2進数の11011011を例にして，具体的に説明しましょう。

（1）2進数（binary number）の世界

　いろんな基数，特に10進数以外の数を表記する場合は，間違いをなくすため，$11011011_{(2)}$ のように右下に括弧をつけて基数を書くと分かり易いですね。この値を10進数にすることを基数変換と言い，この場合は，2進-10進変換となります。ここでは，なるべくシンプルに表現するために，10進数の場合のみ，(10)を右下に付けるのを省略します。

　　$11011011_{(2)}$

　　　$\rightarrow (1\times128)+(1\times64)+(0\times32)+(1\times16)+(1\times8)+(0\times4)+(1\times2)+(1\times1)$
　　　　$=128+64+0+16+8+0+2+1=219$ …①

（2）16進数（hexadecimal number）の世界

　上記の数を16進数に変換する場合は，2進-16進変換と言います。

　では，実際に16進数にしてみましょう。

　例えば，11011011の場合，4個の数が2組あるものと考え，それぞれを10進数に変換し，それらを，16進数に変換しましょう。それは，つまり，

　　$1101_{(2)} \rightarrow (1\times8)+(1\times4)+(0\times2)+(1\times1) = 8+4+0+1=13 \rightarrow D_{(16)}$
　　$1011_{(2)} \rightarrow (1\times8)+(0\times4)+(1\times2)+(1\times1) = 8+0+2+1=11 \rightarrow B_{(16)}$

となります。ここで，16進数の場合は，0〜9はそのまま使用し，10はAを，11はBを，12はC，というように順番にアルファベットを対応させて使用するので，15はFとなります。
したがって，$11011011_{(2)} \rightarrow DB_{(16)}$ となります。

　ところで，$DB_{(16)}$ を10進数に変換すれば

　　$DB_{(16)} \rightarrow (13\times16)+(11\times1)=208+11=219$ …②

となり，前述の計算結果①と②は一致します。どちらも元の数は，$11011011_{(2)}$ で同じですから，一致するのは当然ですね。

10	→	A
11	→	B
12	→	C
13	→	D
14	→	E
15	→	F

　以上のことをまとめると，

　発見 → HakkeN → $11011011_{(2)}$ → $DB_{(16)}$ → 219

のように連鎖させてみれば，何かのカタチ[注]が見えてくるでしょうか？

注釈

注. プロジェクトAAFのWebサイトも併せて参照して下さい。
　　https://pjtaaf.com/

2-4 人間と仮想人間

1．仮想人間（Virtual Beings）

　仮想人間と訊いてどんな人間をイメージしますか？

　仮想（バーチャル）については，前刊書の「2-4 バーチャルの知」で説明していますので，併せて読んでいただければ，語彙に厚みが生じると思います。ここで，そのポイントを簡潔に述べれば，「バーチャルとは，実際には無いがあるのと同じ機能がある」という意味なのです。

　そして，実はこの件に関しては，20年以上も前のことになりますが，筆者の拙著で仮想人間について言及している（松原 2002）ので引用して解説しましょう。

　『Badler（2001）/安藤（2001）によれば，「我々は，実在する物と仮想の作り物の違いをすぐに見分けられる最後の世代になるかもしれない」というのです。

　それは，1000年後に仮想人間（Virtual Beings）が実現されているとしたらそれはどのようなものになるだろうかという未来予測の上に導き出されたものです。

　氏によれば，今後，従来メディアのほぼすべてがディジタルメディアに置き換えられ，その結果として，コンテンツの作成・編集の操作が容易になり，動画編集やアニメーション標準が登場して簡単にユーザー側で画像の生成や組み立てができるようになるという。たとえば，人体の表現では，皮膚，筋肉，骨格，毛髪などが精巧に描写され，本物と区別ができないほどの人間モデルを構成することができるからである。最近では，映画の登場人物を精密にモデル化してアニメーション化したものがすでに存在します。このような技術が，対話型シミュレーションやトレーニング用シミュレーション，テレビゲームなどの技術を取り入れて，いわゆるオフライン型のアニメーション技術がオンライン型のアニメーション技術に進展すれば仮想人間の登場ということになるのかも知れません。

　そうすれば，仮想人間は誰が教育すればよいのだろうか。これはほんの一例で，いろいろな疑問や質問が生じてくるでしょう（松原2002）。』

- 仮想人間は，誰が教育すればよいのだろうか
- 人間の能力を超えてもいいのだろうか，人間の能力を無視してもいいのだろうか
- 仮想人間にどの程度の創造性を与えるべきなのだろうか
- 仮想人間の倫理やモラルは誰が決めるのだろうか
- 仮想人間は，自分で決めた行為について誰が責任をとるのだろうか
- 仮想人間は，処罰の対象になるのだろうか
- 仮想人間は，束縛からの解放を要求するだろうか

※Badler（2001）/安藤（2001）より抜粋して作成

２．陽くんか陰くんか

　では，シナリオ・ノベライズの話題に戻りましょう。

　道で"石ころ"を拾ったのは，少年の陽くんでした。彼はその"石ころ"に恋をするのですが，そのことを擬人化して，ネットに投稿するのです。その時の彼は現実の自分とはかけ離れた性格の持ち主で，２つの世界を往来する中で，ふと気が付いたのです。再認識という方が適切かも知れません。

　ネットの世界の"匿名性"は重要な機能の１つだと思いますが，情報メディア教育としては，どのように扱えば良いのでしょうか？　ここでは，短絡的に答えを出すことはいたしませんが，前刊書の「ユニット2-4」に記載の「２．感性のバーチャル化／バーチャルの感性化」を熟読頂いて，深い思考をお願いできれば幸いです。

　現実世界の彼は陽くんを演じ，ネット世界では陰くんを演じるというシナリオは興味深いと思いませんか？

　つまり，現実世界では，実現できないことや言えないことなどがあって，仮に絶望的な状況だとしても，ネット世界では希望の職業につき，容姿なども自由に設定できることから，一通りの人生ではなく，また別の人生を味わうことができそうですね。そしてそれは他に何種類もの異なる自分を演じることができるようになるのです。このようなところを題材にした映画やドラマ，他には，コミックやゲームなど，今では多種多様なメディアで提供されています。

　怖いとか，良くない，などの理由でこれらを排除することはできない訳ですが，例えば，病気のため，身体を動かすことができずに，ベッドの上で毎日を過ごす少年だとしたらどうでしょうか？　ネットの中では，自由に移動ができるし，好みの恰好をして，友人たちとコミュニケーションを行うことができそうですね。その際，これに係るものたちは，もう一人の自分たちなんだと割り切って認識できたらそれに越したことはありませんね。

　つまり，ICT活用の醍醐味は，仮に○○できなくても，それを可能にしてくれるところではないでしょうか？　感性に響くICT超活用とは，どこか近似しているところがありそうですね。深く考えて議論をお願いします。

参考文献

Badler, Norman I.(2001):Virtual Beings, Communications of the ACM, Vol.44, No.3, pp.33-35.／安藤進　訳（2001）：仮想人間，情報処理，Vol.42, No.8, pp.816-817.

松原伸一（2002）ディジタル社会の情報教育〜情報教育を志す人のために〜，開隆堂（ISBN978-4-304-020308）.

第3幕

Sound のカタチ

音の多様性："オト"ロジー

本書では，前刊書，すなわち
　松原伸一著「芸術とコンピュータ〜感性に響く ICT 超活用〜」，開隆堂，2021.
の「第3章 音の世界」と完全に対応しています。
　前刊書では，章という区切りとし，各章の最初には，著者からの「メッセージ」として章の始まりを演出しています。
　本書ではご覧の通り，章は幕に，メッセージはステージにカタチを変えています。

ステージ3

弦振動と音高

　音は弾性体の振動，すなわち，弾性波（elastic wave）の一種です。ところで，弾性体とは，弾性をもつ物体のことで，その弾性は，力を加えると歪を生じ，力を除けば元に戻るという変化を生じる性質のことで，その変化の大小はあっても，概ね多くの物体にはこの性質があります。

　私たちの耳から聞こえる音は，空気の振動なので，空気も弾性体の1つということになりますね。実際に音を伝える媒体としては，空気のような気体だけでなく固体でも液体でも媒体となり得るのです。ただし，液体中を伝わる音を耳で聞くのは難しそうですね。普通は水中マイクなどを使用します。

　次に音源です。ギターのように弦を弾いて音を出す場合を考えましょう。

　弦の両端を固定して弾くと，いろんな振動を生じますが，

　　・腹が1つの振動を基本振動　　　　　（※節は弦の両端のみ）

が，最も支配的ですが，他にも，

　　・腹が2つの振動を2倍振動　　　　　（※節は真ん中に1か所）

の他に，

　　・腹が3つの振動を3倍振動　　　　　（※節は弦を3等分する2か所）

なども弱いですが含んでいます。これらは，基本音に対して，2倍音，3倍音と呼ばれます。多分聞いたことがあるでしょう。

　したがって，基本振動でみれば，弦の長さが短くなれば，そこから発する音は高くなります。例えば，ギターの場合は，根元に近いフレットを押さえた方が高い音がでます。

　また，弦を引っ張る強さ（張力という）が大きくなれば，音は高くなります。ギターの場合，調律する場合，ペグを巻き上げる音は高くなるのです。さらに，弦の重さについては，軽い方が音は高くなります。ギターの場合は，低い方の弦は太くて重くなっています。実はピアノでも同じようなことが言えます。ざっくりと述べれば，鍵盤は左に行くほど低音になり，右の鍵盤を弾くと高音になります。弦の長さは，左方は長く，右方は短くなっています。

　グランドピアノの場合は，弦は床面と並行に張られているので，ピアノのカタチは奏者から見て，右は奥行きが短く，左は長くなっているのです。

　アップライトピアノの場合は，弦は床に対して垂直に張られ，奏者に弦の腹が向き合うカタチです。長短を反映したデザインにすれば，ピアノの上面が傾いてしまうので，床に平行に設定されています。ですから，中を見ない限り，弦の長さを知ることはできませんが，弦の振動を身体で感じ易い構造といえるでしょう。

3-1　楽器とデジタル

1．楽器とデジタルの関係

　楽器についてここで説明する必要はないでしょう。でも，デジタルのお陰で楽器は大きく変化してきています。そこで，楽器とデジタルの関係を中心にして考えてみましょう。既に，デジタルについては，各所で論述しています。例えば，本書と対応している前刊書の「2-3 デジタルの知」を是非参照願います。したがって，ここでは，重複を避けて，楽器目線のデジタル，及び，デジタル目線の楽器について考察してみましょう。

（1）楽器目線のデジタル

　楽器目線となると，MIDI（Musical Instrument Digital Interface）を無視することはできないでしょう。これについての基本は，前刊書の「2-2 情報の知」で言及していますので，併せて参照して下さい。したがってここでは，インタフェースについて考えましょう。

　インタフェース（Interface）とは，interとface に分けることができます。つまり，各機械の接点（face）同士をつなぐ関係のことで，機械と機械，人間と機械などや，各ソフトウェアを繋ぐ際にも使用されます。例えば，International

> **メモ**：表記の揺らぎ
> 　インターネットとインタネット，インタフェースとインタフェース，コンピューターとコンピュータなどのように，表記には揺らぎがありますが，本書では，文部科学省学習指導要領，及び，JISで表現される語を優先して使用しています。

（inter+national）や Internet（Inter+net）の 他 に，イ ン タ ー ハ イ（Inter+highschool），インカレ（Inter+college）なども想像してみて下さい。

（2）デジタル目線の楽器

　これは，いわゆるデジタル楽器のことですが，音を出せる仕組みをデジタルで実現したものといえるでしょう。したがって，コンピュータと適切なソフトウェアがあれば，音楽を作って（創作，編集して）出力（演奏）することができます。例えば，DTM（Desktop Music）と呼ばれる活動においては，DAW（Digital Audio Workstation）に類する楽曲作成ソフトが楽器として機能させることもできます。ピアノ以外に，オルガンでも，ギターでも何でも音源があればそれで演奏することができるのです。

２．楽器とデジタルのカタチ

　ここでは，楽器とデジタルの関係を認識し，新しい時代の楽器の在り方（カタチ）について考えたいと思います。まず，デジタルを理解するには非デジタル（アナログ）との対比で考えると分かりやすいですね。

（1）アナログ楽器とデジタル楽器

　アナログ楽器とデジタル楽器を厳密に分けるのは困難ですが，概ね前者は従来型の楽器なので単に「楽器」という表現の方が抵抗が少ないでしょう。一方，デジタル楽器は，コンピュータ利用による楽器で，「電子楽器」とほぼ同じと考えて大きな問題はないでしょう。したがって，コンピュータ科学だけでなく，メディア情報学などの学習が必要なのですね。だからこそ人間性に回帰する新しい教育が求められています。これに関係する著書（松原 2020）も上梓していますので合わせて参照下さい。各ユニットには【問題】を設定しているので，演習問題として活用されると効果的です。

（2）ハイブリッド楽器

　ハイブリッド（hybrid）とは，2つの系統の両方が組み合わさることで，例をあげれば，ハイブリッド・カーや，ハイブリッド・コンピュータなどがあります。他にもいろいろとありますので，皆さんも考えてみて下さい。
　さて，本論ですが，ここではもちろん，アナログ楽器とデジタル楽器の融合を意味します。つまり，従来からの楽器をそのまま使用しながら，デジタル機器を導入する場合で，ギターやピアノなどが弾ける方は，その技能をそのまま生かすことができます。

（3）AI搭載のデジタル楽器

　AI，すなわち，人工知能を搭載したもので，今後ますます期待されています。デジタルなもので，AIを搭載しているか否かを議論するのは，やや専門的になるのでここでは割愛しますが，簡潔に述べれば，AIと判断できる条件は，機械学習に在ります。したがって，人工とは言っても，予め作成されたプログラムを実行することで自動化されたものはAIには該当しません。それでは，この続きは「ユニット3-4 楽曲とAI」に委ねることにしましょう。

参考文献

松原伸一（2020）人間性に回帰する情報メディア教育の新展開〜人工知能と人間知能の連携のために〜，開隆堂（ISBN978-4-304-02173-2）.

3-2　濾過とエフェクター

1．濾過とエフェクターの関係

　濾過は沪過と書くことありますが，昨今では，ろ過と表現することが多いようです。ここでは，視認性や漢字の意味を重視したいので標記の通りとしています。つまり，「濾す」は「こす」と読み，必要な成分だけにすることを意味しています。
　一方，エフェクターとは効果(effect)を与えるものという意味を連想しますが，日本ではエレキギターなどの演奏で使用される機器となっています。

（1）濾過

　濾過（filtration）とは，何らかの作用により，対象のモノから不要物を取り除く処理のことで，化学の実験で用いる濾紙は有名です。同様なものに，コーヒーを豆から入れる際に用いられ濾紙（フィルター，filter）も同じです。
　一方，電気電子工学の分野では，低周波成分を取り出したり（ローパスフィルタ，low-pass filter,），高周波ノイズを除去（high-cut filter）することをフィルタリング（filtering）といいます。音楽や楽器などの場合は，もちろん，音に対する調整であり，筆者からみれば，音の加工という作業にみえます。

（2）エフェクター

　エフェクターは前述のように，ギター演奏において使用されます。一般に，エレキギターの場合は，弦が振動して発生した音源をマイク等で拾い上げ，その電気信号をアンプを通してスピーカやヘッドセット（イヤホン）などに出力するものとなりますが，マイクの出力をエフェクターを通してアンプに入力することで，効果的な音に仕上げることができて，観客を魅了させることができます。
　したがって，重要なことは，弦の振動音をどのように加工するかであり，その効果の出し方は様々で多数のエフェクターが販売されています。関心をお持ちの方は，是非，楽器屋さんに寄って頂き，実際に商品を手にとってご覧になるとよいでしょう。もちろん音を変化させる部品ですから，触れるだけでは，その価値を評価することはできませんが，雰囲気は掴めるでしょう。そしてもし可能ならそれをギターに接続して演奏ができれば良いですね。自分で試し弾きするか，店員さんに依頼できれば最高ですが…。なお，エフェクターが無くても，ソフトウェアで解決できる場合もあります。

2．フィルタリング

　入力信号に何らかの変化を与えて出力するのであれば，この処理は広義の意味で，フィルタリングを行っているといえるでしょう。

　電子回路の場合は，濾波器（フィルタ）と呼ばれ，多くの場合は，低域通過，高域通過，低域遮断，高域遮断のように周波数成分をコントロールするものが多いです。

　ギターのエフェクターの場合も電気信号を処理する機器ですので，基本的には音を入力信号として，それを加工して電気信号を出力するものです。

> **メモ**
> 　電気・電子工学や情報工学などの理工学分野では，英単語（動詞等）の語尾に er を付けた語を日本語で表記する場合，コンピュータ，プリンタのように，長音記号の「ー」を表示しないというルールがありますが，音楽等の分野では長音記号は日常と同じで使用されるので，本書のような学際的な分野を対象とする場合は，用語の揺らぎが生じます。

①レベルの調整：リミッター（設定値以上のレベルの信号を抑制），コンプレッサー（信号の変化幅を圧縮）などがあります。

②周波数帯の調整：イコライザー（指定の周波数帯を強めたり弱める），エンハンサー（倍音をミックスする），アイソレーター（人間の音声帯域を除去してボーカル音を鮮明にする）などがあります。

③歪みの調整：ブースター(信号の増幅)，ファズ(倍音を強く強調し深みを出す)，オーバードライブ(増幅を極限まで行い歪みを意図的に作り出す)等があります。

④残響・反響音の調整：ディレイ・エコー（元の信号に遅延させた信号をミックスする），リバーブ（残響を作る）などがあります。

⑤抑揚の調整：トレモロ（トレモロ効果を作る），フェイザー（信号の位相を変化させる）などがあります。

⑥その他の調整：オクターバー（オクターブ上下の信号を発声する），ピッチシフター（ピッチをシフトする）などがあります。

注釈

　フィルターは各種の機能を組み合わせて作動することが多く，単純に分類するのは困難ですが，ここではギターのような楽器演奏を想定してまとめました。

3-3 合成とシンセサイザー

1. 合成とシンセサイザーの関係

　筆者が学生時代の折には，音声を対象にしたデジタル信号処理の分野では，音声認識と音声合成とが主な研究分野となっていました。そして，DSP（Digital Signal Processor）の研究も盛んだったように記憶しています。

　例えば，音声認識について述べれば，特定話者（対象とする者の声）の場合は，特徴抽出が比較的容易なのであまり問題は無かったのですが，不特定話者（誰でも対象）の場合は，大型コンピュータ（または，高性能なデスクトップ式ワークステーションなど）を使用することでやっと精度のよい結果が得られるというところで，優れたものは研究論文になるといったところでした。

　しかしながら，この分野の研究は飛躍的に進展し，今やスマホで誰でも利用できるようになりましたね。ハードウェアとソフトウェアの革新的な成果のお陰ですが，中でも，コンピュータ自体の超高速化，超大容量化，モバイル化などの技術革新が奏功していると思います。

　次に，音声合成については，当時はまだまだといったところで，極めて機械的な音質で音声化できる状況で，スマホレベルでできるようになるとは想像もしていなかったことです。そのような点では，スマホの驚異的な進歩といえるでしょう。今後もますます進展していくでしょうが，重要なのは，どんな風に使うかであり，それは何か日常の中での「発見や気づき」がもとになることが多々あると思います。これらの視点を踏まえて，楽器の目線で考えれば，シンセサイザー（シンセと略称）をあげることができるでしょう。筆者もシンセを2台所有していますが，どちらも，一見すれば電子ピアノの姿をしていますし，機能として鍵盤楽器として使用することもできます。白鍵と黒鍵の他に，沢山のスイッチやダイヤル，それから多様なキーがあり，複雑な風貌となっていますが，ピアノの代わりに弾くこともよくあります。

　シンセサイザーは，電子回路により音を合成して出力する装置で，シンセサイズ（sythesize）する装置という意味をもっています。各種の楽器の音源だけでなく，無数の効果音や環境音なども使用することができます。主な機能としては，フィルター（前述の通り），オシレーター（発振器のことで，いろんなカタチの音を発生させます），エンベロープ（時間域でのエンベロープ処理），モジュレーション（変調）などの機能をもっています。

2．合成とシンセサイザーのカタチ

　前述の通り，シンセサイザーは音声合成の装置で，鍵盤がついているものは，それだけでも鍵盤楽器の機能を持っています（松原 2017）。

（1）キータッチ（ハンマーアクション）

　シンセサイザーの場合，キータッチはピアノと比較して全く異なる感じです。そもそも，ピアノは鍵盤に加わった力がハンマーに伝わり弦を打つという動作を行うもので，ハンマーアクションという物理的な構造が必然的にキータッチに反映しているのです。もちろん，ピアノでもキータッチはメーカーや製品，型番・年代などによっても種々異なります。また，調律師さんに調整してもらうことで，重くしたり軽くしたりすることもできます。

　一方，電子ピアノ（デジタルピアノ）の場合は，電子回路により音源を処理しているのですが，疑似的にハンマーアクションに似せたりして，キーに工夫を施すことでピアノの感触を出しているものもありますが，音質だけでなく，これも価格を上下する重要な要素の１つとなっています。

　そして，シンセサイザーですが，ピアノのタッチに近く設定されたものも中にはありますが，弾いてみればすぐにわかると思います。言葉で表現すれば，押しているという感覚が，ピアノを弾くというタッチ感と異なるからです。

（2）キーの数（鍵数）

　ここでは，鍵盤楽器の鍵数という視点でみてみましょう。ピアノの場合は88鍵ですから，電子楽器としては88鍵が理想ですが，種々の用途に応じて，少ないものもあります。

表1　オクターブと鍵数

オクターブ	オクターブ＋追加鍵数	鍵数	備考
1	12×1+1	13	スマホ等のアプリ
2	12×2+1	25	USB 接続などの MIDI キー
3	12×3+1	37	USB 接続などの MIDI キー
4	12×4+1	49	USB 接続などの MIDI キー
5	12×5+1	61	鍵盤楽器
6	12×6+1	73	鍵盤楽器
7	12×7+4	88	88 鍵ピアノ, 88 鍵電子ピアノ

　１オクターブには，ド，ド#，レ，レ#，ミ，ファ，ファ#，ソ，ソ#，ラ，ラ#，シの12の音を出す鍵（キー）があります。これに１オクターブ上のドを加えれば，シンプルな13鍵のキーボードとなります。**表1**は，オクターブを広げた場合の鍵数の代表例を示しています。

参考文献

松原伸一（2017）作曲とプログラミング：Score（楽譜）とCode（プログラム）－プログラミング教育ポリシーの拡張と深化，情報学教育論考，第４号（通算12号），pp.19-26.

1．楽曲とAIの関係：人間性からの考察

　AI（Artificial Intelligence，人工知能）と言えば，チェス，囲碁，将棋などで，人間（名人）との対戦でAIが勝利したというニュースはもう過去のことになっていますね。昨今では，プログラムを自動で生成とか，問題を作ったり解いたりとか，小説を書いたり，楽曲を作ったりと，極めて多彩なAIの記事を目にするようになりました。いわゆる，シンギュラリティ（技術的特異点，Technological Singularity）が間近であるという言説の予告編を見ているようですね。

　超人と言えば，スーパーマンをイメージされるかも知れませんが，人の能力の超えた人という点ではそうなのかも知れませんが，ここでは，その作品を取り扱う訳ではありません。

　人間にとって楽曲とはどのように位置付ければよいのでしょうか。

　何か歌を聴いて「懐かしいな」と思うことはありませんか？　それは，その楽曲が流行った時の自分と重なっているからでしょうか？　つまり，あの頃はこの歌が街にあふれてたとか，あの時はこの歌で勇気づけられたとか，つまり，"歌は自分の人生の節目とリンクしている"ということを強調せざるを得ません。

　ところで，人工知能には，上記のように自らの時間軸とリンクして，楽曲を捉えることはできるのでしょうか？　絶対にできないと言い切ることはできないまでも，少なくとも現時点では，人間に例えれば人生に相当する"時間経過の営み"がまだ不足していると思います。

　次は，歌を作る時を考えてみましょう。その情景はいろいろと考えられそうですが，この場合は，何か人に伝えたいことがあって，それを歌詞にして，そして旋律にしているような気がします。何の意味もなくランダムに音を拾って，言葉もデータベースから持ってきてそれらを組み合わせているといった場合は，特殊な場合として別扱いとしたいものですね。

　また，歌は時代背景を表現していると言われます。つまり，景気の良い時代，明るい時代，技術革新が絶え間ない時代，・・・。或いは，期間で区切って，2000年代の曲，2010年代の曲というように。

　本書の執筆中に，OpenAIが提供するChatGPTは，2022年11月30日の発表からわずか2か月で月間ユーザが1億人を超えたことが話題となりました。AIもいずれは人間のような思考をもつようになるのでしょうか？

２．楽曲とAIのカタチ：教育の視点からの考察

（1）教育におけるコンピュータの在り方

　筆者は，メディア情報学の教育を進めるに当たって，ICT活用の在り方に関心がありました。本書の冒頭に述べた通り，中央教育審議会の専門委員の任命を受けた時を契機にして，我が国の情報教育の在り方について積極的に調査・研究したことに始まります。

　ここでの論点を明確にするために，ポイントを簡潔に述べれば，

・情報教育はパソコン教育で良いか？

　これは，つまりパソコンの使い方に終始していないかということで，日常的に，「パソコンを覚える」という表現が日常的に使われるように，パソコンは操作に終始するので「覚える」ことになるのではないかと考えることもできそうです。

・ICT活用は学習者に何を期待できるか？

　これは，学校教育（大学も含めて）において代表的なものは，PC画面の情報を前方のスクリーンや机上のディスプレイに表示して演説するもので，30年も前なら学習者の興味関心を惹いたかも知れないが，今時，電子スライドを延々と見せられても退屈以上の何物でもないと子供たちは考えていないでしょうか？

（2）新しいカタチを求めて

　つまり，次のような考え方になったのです。

・新しい時代に対応したしっかりとした知識（情報学）が必要では？

　これは，21世紀型スキルやキーコンピテンシーなどに象徴されるように，実は世界の教育者・教育研究者の共通する課題だったのです。つまり，パソコン操作から情報の本質的理解に繋がる教育へと考えが進み，それは，情報とメディアの教育，すなわちメディア情報学の教育に辿り着いたのです。

（3）ピアノレッスンとプログラミング学習

　そして，その具体的な展開として，感性に響く情報メディア教育の提案に至り，現在では，ICT超活用，AGAA芸活，A＆C芸術とコンピュータ，NVNG感性教養などに進展し，ピアノレッスンとプログラミング学習のアナロジーが誕生したのです（松原 2018）。詳細は上記キーワードで検索して参照をお願いします。

参考文献

松原伸一（2018）初等中等教育に一貫した情報メディア教育におけるピアノレッスンとプログラミング学習のアナロジー，滋賀大学教育学部附属教育実践総合センター紀要，第26巻，pp.53-58.

第 4 幕

Song のカタチ

曲の多様性：超目的

本書では，前刊書，すなわち
　松原伸一著「芸術とコンピュータ〜感性に響く ICT 超活用〜」，開隆堂，2021.
の「第4章　曲の世界」と完全に対応しています。
　前刊書では，章という区切りとし，各章の最初には，著者からの「メッセージ」として章の始まりを演出しています。
　本書ではご覧の通り，章は幕に，メッセージはステージにカタチを変えています。

ステージ4

ドミナントとサブドミナント

　ドミナント（dominant）とは，もともと支配的で優位に立つことを意味する言葉ですが，音楽の世界では，西洋音階で主音からみて5度上の音（属音という）のことです。また，サブドミナントとは，主音からみて4度上の音（下属音）を意味します。

　そこで，5度とか4度とかは，2つの音の距離を表すもの（音程）ですが，同じ音の場合は1度となります。この点が，数学や物理の場合の距離が0という概念に惑わされないようにしましょう。音程などの音楽理論の基礎については，並列展開中の前刊書のユニット3-4を参照して下さい。

　さて，ここでは，第4幕を開くにあたり，まず，5度の音程について考えましょう。主音をドとすれば，5度上の音はソになります。鍵盤上では，ドレミが連続していますので，音程を下がってみれば，4度下の音となります。同様に，下属音は4度上の音ですからファになりますし，5度下の音でもあります。

　和音の時もこの考え方は有効です。つまり，属音を根音とする3和音のソシレは属和音，下属音を根音とする3和音の
ファラドは下属和音といいます。

　五線譜にそれが何調かを表すために調合
（♯，♭）が付けますが，例えば，♯の調合は，
ファ，ド，ソ，レ，ラ，…のように，5度上の音の場

所に順に付けていきます。また，♭の調合は，シ，ミ，ラ，レ，ソ，…のように，5度下の音の場所に順に追加されて行きます。この場合も，5度上は4度下，5度下は4度上と考えても同じ結果が得られます。

　ドとソの音程を厳密に言えば，完全5度と呼ばれます。これらの音の振動数に着目すれば，純正律の場合，ドとソの振動数比は2:3となっています。なので，ドと，1オクターブ上のソとでは，3倍音になっているのです。では，ドとファの場合を考えてみて下さい。

4-1　イメージとシナリオ

NVG
New Values for New Generations
©PJT-JWF

1．イメージをカタチに

さあ，では，曲のアウトラインについて考えましょう。ここでは，アウトラインとして，まず，曲のイメージ作りから始め，その後，曲のシナリオを取り上げることにしましょう。

（1）イメージ作りの枠組み

曲のイメージと言っても，いろいろとあってどこから手を付ければ良いのかと迷いますね。そこで，ここでは，次の10個の項目について考えていきましょう。

①分野：ジャンル　　（例）ポップス，ロック，EDM，…
②速度：テンポ　　　（例）早い／遅い／…
③曲想：テーマ　　　（例）恋慕／失恋，応援／讃美，憧憬，…
④時期：いつ　　　　（例）季節／年月日，過去／現在／未来，小／中／高，…
⑤場所：どこで　　　（例）街／海岸／山河，映画館／水族館／動物園／…
⑥視点：だれが　　　（例）主人公／話者，友人／恋人，…
⑦内容：エピソード　（例）A君が…して，そして…
⑧伝言：メッセージ　（例）忘れない／覚えていて，好きだよ／好きになって，…
⑨鍵語：キーワード　（例）大切な言葉，忘れられない言葉，…
⑩象徴：シンボル　　（例）記憶に残るモノ／コトバ，…

（2）曲のイメージ（例示）

それでは，上記のイメージ作りの枠組みを利用して，構想をしてみましょう。
ここでは，並列展開中の「シナリオとノベライズ」の「ネ森少年の飛翔」を題材にして例示します。

①はポップスで，②はゆっくり目がいいでしょうか，③は憧憬で，④は小3から高2の時代を行ったり来たり，⑤は森の中，⑥ネ森少年，⑦思いがあるのに伝えられない，⑧すぐに忘れてほしい，僕はずっと覚えているから，⑨宇宙人になりたい，⑩「後悔してもそれはもう後悔じゃない」，というようなところでしょうか？　シナリオの部分部分は，前刊書に記載済みですが，それに子細を加える工夫が，いわば，ノベライズということになります。

2．シナリオをカタチに

　ここでは，曲の中で展開するシナリオについて考えましょう。

（1）曲のシナリオ1：後悔というシンボルを浮き彫りに

　某楽曲に「後悔じゃ何も解決しないさ」というのがあります[注]。筆者もその通りだと思います。では，「後悔するのは無駄か」と言えば，そうは思いません。しかし，その理由は，よく言われるように，失敗の回避に繋げるためでしょうか？
　まあ，Yes and Noですね。他に，もっと重大な価値が後悔にあるのかも知れません。つまり，仮に似た状況がまた来るかも知れません。その時，同じことをしたとして同じ結果になるとは限りません。過去を反省して，前とは異なる反応をしたからと言って，改善されるという保証はありません。つまり，前の後悔を生んだ失敗を恐れて，次に異なる行動をとったとしても期待通りになるとは限らないということですね。つまり，それが「一期一会」ということでしょうか？

（2）曲のシナリオ2：伝言というメッセージを強調して

　ここでは「伝えたいけど伝えられない」という状況をどのように表現するかということです。普通なら「思ったことは正直に言ってしまえば良いのに」と考えそうですが，そうできないところが普通でない所以ということです。そこには，少年にとって，何かの迷い，心配，不安，…などがあるようで，それの解決にはまだ時間がかかるということです。
　つまり，少年の成長は，"教育"と大きな関わりがあります。筆者は感性に「響く情報メディア教育」を提案し実践しています（松原 2021）が，実は本書もその一貫という訳です。前刊書ではコラム記事を「メッセージ」として筆者の思いを伝えることにしましたが，本書では，ご覧の通り，「ステージ」という表現を使用しました。筆者にとっては，メッセージを伝えるカタチはステージだったということです。そして，最終章である第4幕が始まったということです。

注釈

注．「いつか」／Saucy Dogの楽曲。作詞は石原慎也さんです。彼の曲はいいですね。楽曲の中にシナリオがあり，ストーリーもあり，そして何よりも情景が見えてきますね。楽曲から情景をイメージさせるのは相当の才能かと思います。

参考文献

松原伸一（2021）次世代・情報メディア教育の展開―非対面による教育研究環境の構築と実践を視野に―，龍谷教職ジャーナル，第8号，pp.19-28.

4-2　リリックとストーリー

1．リリックとストーリーの関係

　リリック（lyric）とは歌詞のことですが，詩歌の分類では，抒情詩といい，感情や思いのように内面的な見えにくい世界を伝えるものと考えています。抒情詩に対義する語としては，叙事詩（epic）がありますが文字通り，出来事を物語風に語る韻文が多いようです。ここでは，まさに抒情をテーマにしているので，リリックという訳です。

　ところで，ストーリー（story）とは物語のことで，作者の考えや思いを語るものと考えています。類似した言葉に小説（novel）があります。どちらも作者の考えや思いを記述したという点では共通ですが，物語は出来事を時間軸で並べて表現するのが普通であり，小説は必ずしも時間軸に支配されるものではなく，作者が伝えたいこと（テーマ）が重要なのだと思います。

　したがって，リリックとストーリーの関係を一言で言えば，リリックを外挿して，それを読む者の心の中にカタチ作られるのがストーリーということになるのかも知れません。

2．リリックをカタチに

　前刊書には，例示として2つの詞を掲載しました。ここでは，その1つを例にとり，その詞の抒情をカタチになるように語りましょう。

　それは，例1の「お願い」／ネットの森に住む少年「1ダースのヴォイス」，を対象にしましょう。詞については，前掲書を参照して下さい。

　この情景は，少年がお兄さんに願いことをすることから始まります。僕の詞に曲を付けてほしいと。実は，彼自身も曲が作れるのですが，この度は自分ではなく，お兄さんに依頼しているのです。どうしてでしょうか？

　少年にはもう時間がないという。だけど，一抹の希望は持っているのだと。でもよく考えれば，それは希望ではなく，叶えられずにそのままで終わるかもしれないという不安からの切実な願いのことだと言い換えるのです。

　小窓から見える四角い空は，彼にとって，唯一の「外との交流の場」であり，そこに浮かんだ雲は，少年の気持ちを運んでくれるように見えて，流れる雲につい願いを託すのでした。

3．ストーリーをカタチに

　ここでは，リリックから見られる抒情のストーリーの世界を深めてみましょう。

（1）ストーリーをカタチに
　このストーリーの主人公は，「ネットの森に住む少年」（ネ森少年[注1]）です。シナリオは，「ネ森少年の飛翔」で，前掲のリリックのワードを探索しましょう。
　まず「お兄さん」は，どのような人物なのかです。実の兄のことなのか，架空の人物なのか，特定の人物なのか，…というように。次に，譜にしてほしいと願うのは，どのリリックなのか，ここに表現された詞自体なのか，別にあるのか，…というように。さらに，時間がないとはどういうことなのかです。何かが忙しくて作曲のための時間がないということなのか，彼に残された時間がもうないということなのか，…というように（松原 2020）。
　このように詞を鑑賞すれば，抒情として深まると思います。この続きは，皆さんに預けたいと思います。

（2）ストーリーをカタチに：曲のノベライズ
　ここでは，シナリオ「ネ森青年[注2]の回想」から引用して紹介しましょう。
　このストーリーの主人公は，ネ森青年です。
　彼の回想のひと時のことです。次のリリックは，彼の心の中をいつもリフレインしているのだとか。それは，
　　　好きなのに／言えないんだよ／どうしても／
　　　こんなにも／思っていても／できないんだ／
　　　なぜだろう／気づいてるんだ／でも今は／
というもの。皆さんも前例に従って探索してみて下さい。

注釈
注1．「ネットの森に住む少年」，及び，その略称である「ネ森少年」は筆者の創作で，起点は小学校3年であるが，その後は高学年に及ぶ。
注2．「ネ森青年」は，「ネ森少年」の成長後の姿で，高校3年生をイメージしている。シナリオでは，「ネ森少年の飛翔」，「ネ森青年の回想」などがある。

参考文献
松原伸一（2020）「感性に響くICT超活用，人の能力拡張のために」及び「キャラクターたちからご挨拶」，pp.2-3，情報学教育・教育情報化ニューズレター，通算17号（統合第1号）．

4-3　スペースとタイム

1．スペースとタイムの関係

　このユニットでは，前刊書の「4-3 場作り」に対応していて，スペースから始めています。言うまでもなく，スペースは空間を，タイムは時間を意味します。昨今では，時間と空間はセットで考えることが常識となっているようです。アインシュタインの特殊相対性理論のおかげで，時間と空間は一体不可分であることがわかっています。これを "時空（spacetime）" と言いますが，timespaceではありません。ただし，time and spaceということはできます。

　ところで，スペースとタイムの制約を回避できるのは，タイムマシンと言いたいところですが，残念ながら実現できていないので，現時点ではやはり "情報メディア" といいたいですね。

　したがって，情報メディア教育は，感性に響きをもって学ぶことができれば新しい資質・能力やスキルを手に入れることができるでしょう。デジタルな時代であればあるほど，人間性に回帰してアナログとデジタルの理想的な融合により，新しいカタチが成立するものと考えています（松原 2020）。

2．スペースをカタチに

　スペースをカタチにするとはどう考えればよいでしょう。ここでは，2つのスペースを取り上げることにしましょう。

①曲のスペース1：情景が展開する場所

　曲のスペースとは何でしょう。いろいろありますが，ここでは，曲の情景が展開する場所について考えましょう。本書の4-1でイメージを取り上げた際に，場所にも言及しましたが，ここでは，その場所を想起させるような曲作りに繋げましょう。映像では比較的に容易に見えることでも，音すなわち楽曲でそれを伝えるにはどうすれば良いでしょう。皆さんで考えてみて下さい。

②曲のスペース2：休符という名の空白

　パソコンでスペース（キー）と言えば，空白ですね。曲の空白つまり無音部分は五線には休符を入れます。あの「運命」という曲はベートーベンの作曲で有名ですが，その曲はいきなり休符から始まることをご存じでしょうか？　休符のあとに「ジャジャジャジャーン」と演奏されるのです。

3．タイムをカタチに

　ここでは，タイムをカタチにすることを考えましょう。

　そもそも楽曲（ソング）は時間に依存するもので，例えば，5分の曲はそれを聴くのに5分を必要とします。もちろん早送り再生で時間短縮して聴くこともできますが，皆さんのご想像のとおりで，雰囲気自体が変わってしまいますよね。つまり，楽曲は，それ自体が時の流れを証明するカタチだといえるでしょう。

　ところで，リズム（rhythm）とは律動のことですね。漢字にすれば返って分かりにくい感じがしますが，実はそこにポイントがあるのです。つまり，律動とは規則的な動きのことです。したがって，ここではリズムについて考えましょう。

（1）パルスというカタチ
　電気電子工学の分野では，パルス（pulse）とは，一定時間ごとに繰り返される信号のことですが，日常的な表現をすれば，心臓の鼓動や，時計の秒を刻む音などが良い例でしょう。そして，信号と信号の間の時間を周期といい，1秒間に生起する信号の数を周波数といい，単位はヘルツ（Hz）で，音の振動数と同じです。

（2）拍子というカタチ
　音楽の世界では，拍子があります。3拍子とか4拍子のことです。右図のように，3拍子の場合で考えれば，3拍を1つのセットとし，最初の拍は強く，他は弱くというように強弱をつけたパルスとなります。

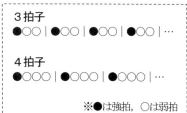

```
3拍子
●○○｜●○○｜●○○｜●○○｜…

4拍子
●○○○｜●○○○｜●○○○｜…

　　　　　　　　　　　※●は強拍，○は弱拍
```

```
4分の3拍子
♩♩♩｜♩♩♩｜♩♩♩｜…
```

```
テンポ　♩＝60
1拍を♩とし，1分間に60個の拍を刻む速さのこと
```

（3）リズムというカタチ
　音楽は勿論ですが，DTMのようにコンピュータで曲作りをする時，リズムを最初に決めることになります。例えば，4分の3拍子は，1小節に4分音符が3つ入るという意味です。また，楽譜の最初の ♩＝60 のような表記は，曲の速さ（テンポ）を示しています。この場合は，1分間に60なので，1秒ごとに1つ，即ち，秒針の刻みと同じで，1Hzとなります。

参考文献

松原伸一（2020）人間性に回帰する情報メディア教育の新展開～人工知能と人間知能の連携のために～，開隆堂（ISBN 978-4-304-02173-2）．

4-4 ソングとボーカル

1. ソングとボーカルの関係

　ミュージック（music）には，歌詞が無い楽曲も含まれますが，ソング（song）は，歌詞付きの曲のことで，歌うことができます。ボーカルはソングを歌う者のことですが，ソングの歌詞が表現する情景と，ボーカルの人生が重なることも多々あります。つまり，ソングはボーカルを惹き立て，ボーカルはソングを活かすことになるのです。

2. ソングのカタチ

　では，ボーカルが歌うソングについて，次の各視点で考察してみましょう。
①誰の思いか
　シンガーソングライターの場合はわかり易いですが，そうでない場合に，誰の思いを反映させているのかが気にかかりませんか？このことも含めて曲作りは行われているのです。
②詞先か曲先か（作詞が先か，作曲が先か）
　メッセージ性の強い場合と，メッセージを超えた雰囲気重視の場合に分けられるかも知れません。
③男声か女声か
　これは，音域，即ち，高音域か低音域かということですね。昨今では，高音や超高音を特徴とする人も多くなりましたね。
④人間か機械か
　人の声か，機械の声かということで，ボーカロイド（ボカロ）の出現により，機械に歌わせることができるようになり，相当に表現の幅が広がったと思います。
⑤誰にも聴かれない歌：自分だけの歌
　普通は，自分には何か伝えたい思いがあり，それを表出するものですね。つまり，共感を得たいとか，知ってほしいとか，気づいてほしいとか，…。でも，ここで新たに提案したいのは，"誰でも作詞家・作曲家"の時代を迎えるにあたり，敢えて人に聴かれることを想定しない歌，自分だけの歌で，本当の「ひとりごと」ですね。自分だけが楽しむ（聴く）曲を自分が作るということで，日記のような感覚で，自然に，自由に，抵抗なくできれば，嬉しく思いませんか？

3．ボーカルのカタチ

　ここでは，ボーカルについて考えましょう。

（1）ボーカルの性（男声，女声）

　ボーカルの性で音質が異なる場合，つまり，男声か女声かでソングの雰囲気が変わる場合について考えましょう。ボーカロイドでも，男声ボイスや女声ボイスがキャラクター化されて商品化され販売されています。選曲の際に，声はその重要な要素になっていますので，仕方ないことかも知れませんが，その一方で，超高音域の男声や，性を感じさせない声質のヒット曲もたくさんあります。

（2）ボーカルの歳（少年期，青年期，…）

　ボーカルの歳で音質が異なる場合を考えましょう。例えば，〇〇少年合唱団というように，少年たちの初々しい声は，時に讃美歌や聖歌によく合う感じもしますね。ポップス（ポピュラーソング）でも，少年の声のような声域と音質で，少年のような言葉で表現して，作曲・作詞された楽曲がヒットする現状を見れば，現在では，声は若い方が商品的価値が高いということなのでしょうか？

（3）ボーカルの超多様化（超齢，超域，超性，…）

　ボーカルの超多様化は，年齢を超え（超齢），地域を超え（超域），性別を超え（超性），その他のあらゆる区別を超えているということです。これは言うまでもなく，カラオケ文化の成果とでも言えそうですが，"誰でもボーカル"という時代の反映といえるでしょう。本質的な価値を個々に見出すことができれば，マルチコミュニティで生きる全ての者へのエールとなるかも知れない（松原 2014）。

（4）もう一つの世界：メタバース

　必ずしも人に限らず，AI（人工知能）でも何でも，これらに対して無区別でいられる世界とは，昨今流行のメタバース（metaverse）に繋がりそうですね。
　メタバース（metaverse）は，metaな（高次で超越した）universe（宇宙・世界）のことで，情報メディアが成せる究極のカタチなのです。
　発見は気づきに繋がり，気づきは現実（リアル）の時空を超えて，仮想（バーチャル）のもうひとつの世界の幕が開かれます。

参考文献

松原伸一（2014）ソーシャルメディア社会の教育〜マルチコミュニティにおける情報教育の新科学化〜，開隆堂（ISBN 978-4-304-04202-7）.

あとがき

　昨今では，AI（人工知能）などの新技術が話題になっています。例えば，OpenAIによるChatGPTや，ブロックチェーンとWeb3，NFTやデジタル所有権など，ワクワクするほどの新技術が目白押しといった具合です。音声認識や音声合成技術のほかに，自動プログラミング，小説の自動生成，画像とイラストの自動生成など，本書のテーマである「芸術とコンピュータ〜発見をカタチに〜」でも話題に事欠くことはありません。

　この度の「発見をカタチに」というイシューは，筆者に種々の成果を与えてくれました。それは，プロジェクトAAFによる4つのステージ（授業，Webサイト，SNS，刊行物）で，それぞれにおいて3つのフェーズにて特徴を明確化・具体化してカタチにすることで，これらを有機的な並列展開を可能としたことです。さらに，感性に響くための工夫として，①シナリオ，②ノベライズ，③イメージソングなども並列配置し，感性に響く教養講座として「超多様性」がカタチとなって整理できたことです。

　昨今では，学校教育においてプログラミングが話題となっています。プログラムの構造としては，順次，分岐，反復といった処理が基本となりますが，本書でも言及しましたように，楽曲においても同様なのです。つまり，譜面（五線譜）では，順次処理として，左の音符から右の音符へ順次演奏することが対応し，分岐処理としては，ダル・セーニョやダ・カーポなどのように，他の小節への移動が該当します。また，反復処理としてはリピートなどがあります。実際のところ，DTM（コンピュータによる作曲）の関係者の中には，DAW（作曲をするためのソフトウェア）にて曲作りを行うことをプログラミングと言っています。

　一方，教育の情報化について，文部科学省の取組みに依拠して表現すれば，①情報教育の推進，②教科指導におけるICT活用，③校務の情報化の推進の3つになります。本書は上記の①と②の両方に関係いたします。

　ところで，伝統的な表現を敢えてすれば，「教育へのコンピュータ利用」となりますが，その代表例は，CAI（Computer Assisted Instruction / Computer Aided Instruction）とCMI（Computer Managed Instruction）の2つとなります。そして，CAIシステムでは「プログラム学習」が重要とされました。これは，学習内容をスモールステップに分け，それを学習者の応答に対応して学習内容を変化させて進行するもので，昨今の表現では，コンピュータ学習に相当します。

　つまり，プログラム学習／教育（Programmed Learning/Instruction）とは，プログラム化された学習内容をコンピュータを用いて学習するもので，プログラミング学習／教育（Programming Learning/Education）とは，問題解決の具体化という視点で，コンピュータプログラムの本質を知り，プログラムの作成を行うことを最終目標とするものです。両者は表現がよく似ているので注意が必要です。

■著者略歴

松原伸一 （まつばらしんいち）

慶應義塾大学大学院工学研究科修士課程修了。慶應義塾大学大学院工学研究科博士課程退学後，長崎大学講師，助教授，滋賀大学助教授，教授，滋賀大学大学院教育学研究科高度教職実践専攻（教職大学院）専任教授を経て，現在，滋賀大学名誉教授。Arts-ist。博士（学術）。専門はメディア情報学，情報メディア教育など。

■主な著書　※メディア情報教育分野を掲載

- （単著）学校におけるプログラミング教育，オーム社，1990.
- （単著）ディジタル社会の情報教育，開隆堂，2002.
- （単著）情報科教育法，開隆堂，2003.
- （編著）教科「情報」の実習事例，開隆堂，2003.
- （単著）ディジタル環境論，ナカニシヤ出版，2004.
- （単著）情報学教育の新しいステージ，開隆堂，2011.
- （単著）情報科教育のカリキュラムとその学習支援環境，情報学教育研究会，2012.
- （単著）ソーシャルメディア社会の教育，開隆堂，2014.
- （単著）教育の新科学化：初等中等教育に一貫した情報学教育，情報学教育研究会，2016.
- （単著）人間性に回帰する情報メディア教育の新展開，開隆堂，2020.
- （単著）芸術とコンピュータ～感性に響くICT超活用～，開隆堂，2021.
  など。

【付記】

　本書の記述に関する研究は，2016年度から2020年度までの5年間にわたるJSPS科研費JP16K04760（研究代表者:松原伸一）の研究をベースに実践研究を継続しその成果の一部をまとめたものです。

　　E-mail mtbr@pjtaaf.com　　URL https://www.pjtaaf.com/　　Twitter @ryo_media

芸術とコンピュータⅡ

発展編　発見をカタチに
令和 5 年 7 月 31 日発行

著者　　松原伸一

発行　　開隆堂出版株式会社
　　　　代表者　岩塚太郎
　　　　〒113-8608　東京都文京区向丘 1-13-1
　　　　電話 03-5684-6116 （編集）
　　　　http://www.kairyudo.co.jp/

印刷　　平河工業株式会社

販売　　開隆館出版販売株式会社
　　　　〒113-8608　東京都文京区向丘 1-13-1
　　　　電話 03-5684-6118 （販売）

ISBN　978-4-304-02192-3